NAT

LARMES DE POÉSIE

« Je voudrais que tu sois là
Que tu frappes à la porte
Et tu me dirais c'est moi
Devine ce que je t'apporte
Et tu m'apporterais toi. »

Boris Vian 1951
Extrait de berceuse pour les ours partis

Certitude

Je fais ce que je peux,
Avec mes talents
Et surtout mes incompétences,
Avec mes certitudes
Et surtout mes doutes,
Avec mes paroles
Et surtout mes silences.
Un matin après l'autre
Avec mes rires
Et surtout mes larmes.
Désolée si je ne fais pas mieux
Si je ne fais pas plus…
Il y aura toujours des insatisfaits
De moi, de tout, sauf d'eux-mêmes.
Je fais ce que je peux
Avec le ciel et l'aide des anges.

Amitié vraie

Mes amis !
Ils viennent de partout
Sans distinction
D'âge, de religion,
D'opinion, de conditions.

Ils aiment
Contempler le ciel
Marcher pieds nus vers l'arc-en-ciel.

Ils écoutent le chant des oiseaux
Et regardent passer les anges
En faisant des louanges.

Ils écrivent de la poésie
Sur des bouts de papier
Tirés de vieux cahiers.

Ils peignent la vie
Et entrent dans leur décor
Pour mieux rêver encor.

Mes amis sont ainsi faits
Ils sont tous bohèmes
Et je les aime.

Laissez-les !

Laissez-les parler.
Laissez-les juger.
Laissez-les critiquer.
Laissez-les…

Laissez-les à leurs commérages.
Laissez-les à leur rage.
Laissez-les construire leur propre cage.
Laissez-les…

Laissez-leur l'illusion du pouvoir.
Laissez-leur croire qu'ils ont raison
Laissez-les régner sur leur désespoir
Laissez-les…

Mais ne les laissez pas vous changer
Vous détruire, vous formater,
Vous manipuler.

N'ayez pas peur
Ne laissez pas ces manipulateurs
Entrer dans votre monde intérieur.

Merci !

Merci à tous ceux
Qui ont essayé de m'humilier.
Ils m'ont permis
De voir ma juste valeur.

Merci à tous ceux
Qui ont essayé de me briser.
Ils m'ont permis
De prendre conscience de ma force.

Merci à tous ceux
Qui ont essayé de m'isoler.
Ils m'ont permis
De trouver mes vrais amis.

Merci à tous ceux
Qui ont essayé de me faire taire.
Ils m'ont permis
D'utiliser mon immense capacité à répliquer.

Merci à tous ceux
Qui ont essayé de me mettre en colère.
Ils m'ont permis
De réaliser que le silence est d'or.

Merci à tous ceux
Qui ont essayé de me détruire.
Ils m'ont permis
De réaliser que je plie mais ne casse pas.

Merci de m'avoir permis de me

DÉCOUVRIR !

Découvertes

Face à tout ce bruit
J'ai découvert en moi
Le silence.

Face aux critiques
J'ai découvert en moi
L'indifférence.

Face aux agressions
J'ai découvert en moi
Un calme inimaginable.

Face à l'indifférence des miens
J'ai découvert en moi
Une force invincible.

Et face à la méchanceté
J'ai découvert en moi
La BONTÉ !

Le jour où ils m'ont tuée !

Le jour où ils m'ont tuée
Combien de fois avaient-ils essayé
Avant enfin d'y arriver ?
Comment avais-je pu ne rien noter ?
Étais-je à ce point aveuglée ?
Était-ce un jour particulier ?
Un jour ensoleillé ?
Que s'est-il passé ?
Étais-je devenue trop limitée,
Trop inintéressante, trop âgée ?
Ce jour-là, qu'ont-ils cru gagner ?
Ce jour-là, personne, je n'ai appelé.
Ni Dieu, ni les anges tant aimés.

Je ne me suis raccrochée
Ni à un poème ou à mon cerisier,
Ni à une illusion ou une amitié.
Je me suis relevée
Comme ressuscitée.
Et le cœur brisé
Mais bien vivante, j'ai redémarré.

Tristesse

Il pleut des larmes de sang !
Sont-ce les anges
Qui atterrés
Par la méchanceté humaine
Pleurent sur notre sort,
Humains ingrats et cruels ?

La guerre que nous nous menons
Ici-bas
Les a-t-elle découragés ?
Ont-ils renoncé aux Hommes ?
Nous ont-ils abandonnés ?
Certes pas !

Inlassablement,
Ils veillent
Malgré nos lâchetés,
Nos manquements
Et nous protègent
Le cœur aimant.

Quelque part

Quelque part
Il y a toujours un rayon de soleil
Pour éclairer ta vie.

Quelque part
Il y a toujours une rencontre
Pour nous aider à avancer.

Quelque part
Il y a toujours un moment béni
Qui te permet d'y croire encore.

Ne cherche pas,
Ne te presse pas,
Ne t'inquiète pas.

Quelque part, un jour,
Quand tu en auras besoin,
Tout se mettra en place.

Parcours de vie

Quand je suis née
Je n'étais que rire.
Puis on m'en a empêché !
« Tu dois apprendre à vivre
Et vivre ce n'est pas drôle ».

Quand j'ai grandi
Les coups moraux et physiques
M'avaient tellement bloquée
Que je ne savais pas
Ce que c'était d'être aimée.

Quand j'ai vieilli
J'ai réalisé qu'intérieurement
J'étais comme une fleur flétrie.
J'ai réappris à rire
mais le cœur n'y était plus !

Juste une femme !

Je suis une femme qui souffre.
Je suis une femme qui pleure.
Je suis une femme abandonnée par les siens.
Je suis une femme qui n'attend plus rien d'eux.

Je suis une femme marquée par la vie
Je suis une femme devenue silencieuse.
Je suis une femme malade.
Je suis une femme dont les mots non-dits sont devenus
des maux.

Mais je suis une femme qui sait encore s'émerveiller.
Je suis une femme qui s'aime.
Je suis une femme qui aime la vie.
Je suis une femme qui ne renoncera jamais au bonheur.

Je suis une femme forte.
Je suis une femme qui croit encore.
Je suis une femme qui espère encore
Je suis une femme seule qui vit avec les anges.

Vieilles âmes

Pleurer pour rien.
Sourire à tout.
S'attrister en regardant la pluie
Et s'émerveiller devant un rayon de soleil.
Percevoir ce que les autres ne peuvent voir.
Ressentir la détresse d'autrui.
Percevoir au-delà des apparences…
Les vieilles âmes sont ainsi faites !
Leur sensibilité exacerbée,
leur vécu dans leurs autres vies
en font des êtres à part
isolés et pourtant si proche des autres.

Elles savent que pour elles
Le temps presse
Que le temps va leur manquer
pour accomplir ce pourquoi elles sont revenues.
Et pourtant elles veulent vivre
Encore !

Sorcières,
vous avez dit sorcières ?

Dès l'enfance, la sorcière se distingue par sa grande
sensibilité face au vivant.
Elle hurlera de douleur face à une tourterelle blessée,
exprimant aux adultes,
totalement perdus face à son immense détresse,
son déchirement.

Elle aura des nuits difficiles
où on la trouvera assise dans son lit,
à peine éveillée,
les yeux écarquillés sur un monde inconnu que personne,
hormis elle,
ne perçoit.

Très jeune, manger de la viande lui sera insupportable
jusqu'à la rendre malade.
Estomac fragile, lui dira-t-on.
Adulte, les grandes villes lui seront difficiles d'accès.
Trop de bruits l'agresseront
sans parler de toute la détresse qu'elle percevra autour
d'elle.

Peu intéressée par le genre humain,
elle pourra néanmoins lire en les personnes qu'elle

apprécie et qui sont connectées au même monde qu'elle.
Sa maison deviendra vite un refuge
et un havre de paix
où les animaux pourront se reconstruire.
Son lit leur sera ouvert.
Elle saura aussi ressentir leur douleur physique
et déterminer comment les soigner.

Le mot ABANDON,
même simplement prononcé,
pourra provoquer en elle un déchirement,
une douleur qu'elle ne parviendra pas à gérer.

Elle sera détestée et reniée par beaucoup
qui ne parviendront pas à comprendre sa force,
sa détermination.
La place qu'elle décidera d'occuper
pour instiguer un projet sera prépondérante
et en dérangera plus d'un,
ceux qui n'admettront pas qu'elle puisse obtenir
ce pourquoi elle lutte.

JE SUIS CETTE SORCIÈRE !

Connaître !

Toi, tu ne t'inquiètes pas pour moi !

Pour quoi faire ?
Je sais tout faire.
Je ne suis pas née en sachant tout faire.
Et qu'est-ce que tout faire ?
Ce que je sais faire
J'ai dû apprendre à le faire
Et pour apprendre, j'ai souffert.

Rien ne semble me toucher
En réalité c'est parce que tout va me toucher
Me faire mal,
Me heurter
Que j'ai dû me forger
Cette armure que tu aimes tant critiquer.

Tu ignores tout de ma réalité
De mes yeux fatigués
De mon dos cassé
De mes chagrins rentrés.

Pour cela il te faudrait commencer
À regarder
À me regarder.

Vieille ou âgée ?

Quand je serai vieille
Assise en silence
Au pied de mon cerisier,
Ne me regardez pas
Avec compassion.
Je n'en ai nul besoin,
Tout comme je n'ai nul besoin
De votre présence.
J'ai cessé depuis longtemps
D'essayer de capter
Votre attention.
Je ne suis rendu compte
Que je me débrouille très bien
Sans !

Je resterai quand je serai plus âgée
Mais pas vieille
Cette personne entière et obstinée,
Allergique aux mensonges
Et aux faux semblants.
Cette personne qui plie
Mais ne casse pas…
Et je serai heureuse
De pouvoir vivre
Encore !

Solitaire sélective

Je m'isole de plus en plus
Pourtant j'aime les gens
Enfin, je les aime de moins en moins…
La vie en société m'épuise,
Me vide…
Commenter, converser,
Communiquer, argumenter
M'épuise…

Avec l'âge,
Les déceptions et les chagrins,
Je sais qui je suis.
Je sais ce que je veux.
Je sais qui je veux fréquenter.
Je ne suis pas devenue associable.
Je suis juste devenue
Une solitaire sélective !

Attendre !

N'attendez rien
Ni un sourire,
Ni un geste tendre,
Ni une parole amicale.

N'attendez pas
Un remerciement,
Une reconnaissance,
Une marque d'intérêt.

Attendez plutôt
Que le soleil se lève sur une nouvelle journée
miraculeuse,
Que la pluie arrose votre jardin,
Que le chant des oiseaux vous enchante.

Attendez surtout
De profiter de moments bénis,
De faire des rencontres gratifiantes,
De savoir encore sourire.

C'est la clef du bonheur !

En retard, en retard, terriblement en retard !

Quand j'étais enfant
Je ne marchais pas !
Je courais, les mains derrière le dos.
Et je tombais.
Allez savoir pourquoi ?

Adulte,
J'ai continué à courir
Pour faire, pour réussir,
Pour obtenir,
Pour gagner du temps !

En réalité, je courais
Pour trouver un sens à ma vie
Pour ne pas avoir à m'arrêter
Sur moi-même, sur ma vie,
Sur ma tristesse aussi.

Maintenant, je réalise
Que je n'ai aucun besoin de courir
Pour rencontrer le bonheur
Il a toujours été là, près de moi.
Et je ne le voyais pas !

Souvenirs

Toute ma vie
J'ai vécu de souvenirs.
J'ai toujours dit
Qu'on ne pouvait vivre son présent
Si on ne connaissait pas son passé
Et si on n'avait pas de connaissances sur le Passé.

Évoquer des souvenirs
Permet également de garder en vie nos conteurs
Comme pour moi mes grands-parents.
Or ceux qui permettaient de conserver cette trame du
passé
Ont disparu depuis bien longtemps
Il ne reste plus que Moi !

Il est temps pour eux
de partir dans l'oubli
Ils ont déjà disparu.
Qui se rappelle encore de leur présence bénie ?
Et mes souvenirs n'intéressent
PERSONNE !!

Renoncement

Depuis que j'ai renoncé au monde des humains, ma vie
est devenue plus douce.
Pas plus facile, juste plus douce !
Je n'espère plus rien
De personne.
Je n'éprouve ni haine, ni colère.
Je n'ai rien oublié.
Toutefois beaucoup d'évènements douloureux ont perdu
de leur importance.
Je n'éprouve aucun regret du passé,
Aucune inquiétude de l'avenir.
Je n'éprouve plus d'amour
Pour la race humaine.
Cela ne veut pas dire
Que je n'aime plus,
Que je ne souffre plus…
Cela veut juste dire que
Mes sentiments, mes sensations,
Mes chagrins et mes plus grands bonheurs
Se sont juste tournés
Vers Mère Nature
Et le règne animal.

Lueur d'espoir

J'ai appris à me passer des gens que j'aimais.
J'ai appris à mettre en place des projets alors que tous essayaient de me freiner.
J'ai appris le sens du mot renaissance.
J'ai appris à fermer des portes pour en ouvrir d'autres.
J'ai appris à changer ma carte mémoire.
J'ai appris à ne pas m'apitoyer sur moi-même.
J'ai appris à pardonner mais je n'ai rien oublié.
J'ai appris à n'avoir peur de rien.
J'ai appris à m'apprécier.
J'ai appris à ne plus rugir et à cultiver le silence.
J'ai appris que le bonheur n'était pas là où je le pensais.
Je l'ai trouvé au fond de mon cœur !

Paradis sur terre

La maison serait toute baignée de lumière et le jardin,
sonore, rempli de bruits d'oiseaux.

Le vent s'engouffrerait dans le lierre du mur
créant comme un froissement.

Je me retournerais aux battements des ailes des
tourterelles, heureuse de les voir s'envoler.

Mes chats libérés de la sieste du matin
s'éveilleraient silencieusement pour gagner,
les sens en éveil, leur terrain de jeux.

Tous mes sens en alerte,
mon âme se fondrait avec le soleil levant,
prémices d'une journée miraculeuse.

Lettre à moi-même

Chère Nathalie,

Te voilà à l'aube de tes 92 ans !
Tu sais depuis toujours l'année de ton départ d'ici-bas.
Tu sais que ce sera en automne car tu ne voudras pas
supporter un hiver de plus.
Alors si tu as cette lettre en ta possession, lis-la vite !

J'espère que tu es devenue cette petite bonne femme aux
cheveux blancs,
j'en ai toujours rêvé,
et que tu es restée droite comme un I
dans ton corps comme dans tes convictions.
J'espère aussi que ce bonheur,
cet émerveillement face à tout ce qui t'entoure est resté.

Peut-être es-tu parvenue à te guérir de cette blessure
d'abandon qui t'a suivie toute ta vie durant ?
Peut-être as-tu trouvé dans tes vies précédentes,
et elles sont nombreuses,
ou dans le passé de cette dernière vie,
l'explication à cette douleur.
Je sais comme tu n'aimes pas ne pas comprendre !
Je te le souhaite.

Comme tu le sais déjà, à 62 ans,
J'ai enfin trouvé ma famille.
Je suis enfin parvenue à trouver une vraie famille.
J'ai réalisé qu'une famille peut se construire.
On peut la choisir.
Ce sont mes chats !
Eh oui ! Les humains sont si décevants !

Toutefois si je suis parvenue à trouver la paix du cœur,
j'espère vraiment que tu vas pouvoir revoir tes enfants
car cette absence, cette douleur qui t'a rongée toute ta
vie n'est pas bonne.

Se laisser aller à l'amour, c'est important.
Fais vite, le temps presse !

Table des matières

**De la même autrice
aux éditions Bookless :**

Le fond de ma pensée *(Mai 2024)*